L. RATCÉE et Ch. BARBAY

La Môme Ouistiti

Vaudeville en un acte

Mme LEDURAND, 35 ans.

La Môme Ouistiti, 22 ans.

Coquinette, *cocotte*, 24 ans.

Ledurand, 50 ans.

Gueule-de-Raie, 25 ans.

Maryland, *agent*, 30 ans.

UN SALON CHEZ LEDURAND

Porte au fond. Porte à gauche. 1er plan. A droite au 2e plan, une porte donnant sur un balcon ; à gauche, au 2e plan, une fenêtre. Un canapé au 1er plan, en scène, à gauche. A droite, une table encadrée de deux chaises. Au fond à droite et à gauche, fauteuils. Meubles à volonté.

LA MÔME OUISTITI

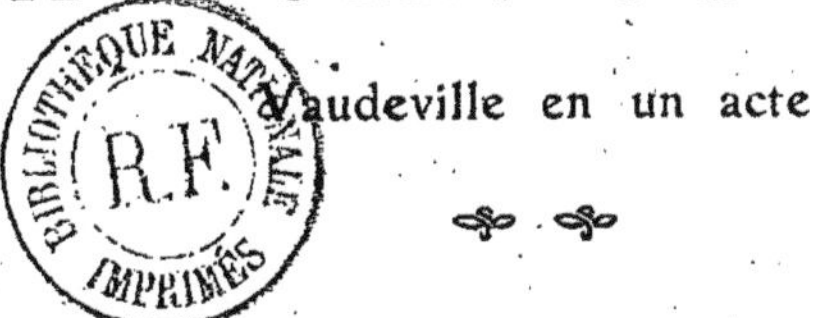

Vaudeville en un acte

❧ ❧

SCÈNE I

M. Ledurand (*seul, en bras de chemise, à quatre pattes, explorant sous les meubles, cherchant son chapeau qu'il a sur la tête.*)

Ah ! non, je ne le trouverai pas ! Il n'y a rien de dégoûtant comme de ne pas trouver ce qu'on cherche ! Je ne suis pas fichu de mettre la main sur mon chapeau. (*Il s'assied à terre.*) Si vous avez le même tempérament que moi, un conseil : Évitez les vadrouilles nocturnes, les alcools réitérés et les femmes légères. Je me suis offert tout ça il y a trois jours, pendant que ma femme était à la campagne, et depuis trois jours, j'ai un mal aux cheveux. (*Portant la main à son front.*) Tenez, depuis ici jusque... (*ses mains rencontrent son chapeau.*) Ah ! ben ! le voilà, mon chapeau. (*Se levant*) Je vous le dis, ça ne me réussit pas, la... comment dit-elle donc, Coquinette ?... la... ribouldingue. Coquinette, c'est une petite amie à moi, que je vais voir de temps en temps, rue de la Fidélité. Naturellement, ma femme ignore Coquinette, ce n'est pas moi qui lui en parlerai. Elle est vieux jeu, ma femme, elle ne comprend pas la plaisanterie. Et puis, elle a un caractère ! Inabordable. Maintenant, ça ne me touche plus. Elle crie, je souris. Elle gueule, je me tords. Elle hurle, je prends mon chapeau et je fous le camp. Depuis trois jours, j'ai été me promener vingt fois ; ça me remet un peu de la ribouldingue de l'autre jour : le vin blanc, les halles, le restaurant du Pou-qui-danse. Coquinette qui voulait faire la matchiche avec un agent. (*Pendant cette scène, Ledurand a mis son veston, rectifié sa cravate, préparé une cigarette.*)

(*Dans la coulisse, voix de Mme Ledurand.*)

Mme Ledurand

Naturellement, M. Ledurand est sorti, sans doute ? Encore en promenade.

M. Ledurand

Ça y est ! Voilà Pezon ! (*Il prend un petit air indifférent et sifflote.*)

SCENE II

M. Ledurand. — Mme Ledurand.

Mme Ledurand (*venant de gauche, 1er plan.*)

Ah ! vous n'êtes pas sorti ? Ça m'étonne ! mais à voir votre tenue, je crois que ça ne tardera pas.

M. Ledurand (2)

Y a des chances ! (*Il remonte et contourne la table.*)

Mme Ledurand (*le suivant*)

Débauché !... voyou !...

M. Ledurand (*froidement*)

Non ! Sébastien ! Alcindor !

(*Il s'est assis sur le canapé (1) ; il allume une cigarette.*)

Mme Ledurand (2)

Et il fait de l'esprit, cette andouille-là ! Rira bien qui rira le dernier. Patience ! je vous ménage une surprise !

M. Ledurand

De toi, rien ne me surprendra ! Si, une seule chose : ce serait de te voir rester vingt-quatre heures sans parler.

Mme Ledurand.

Oh ! je sais bien qu'il vous serait doux de me voir privée de la parole !...

M. Ledurand (*se lève*) (*à part*)

Tu parles !

Mme Ledurand

Ne plus pouvoir exprimer mes pensées !!!

M. Ledurand (*passe 2*)

Pour ce qu'elles ont de poétique !

Mme LEDURAND (1) (*larmoyant, s'asseoit sur le canapé*)

Ah ! je ne sais pas ce qui me retient de retourner chez mes parents !

M. LEDURAND (*vivement*)

Ah ! ce n'est pas moi ! (*s'asseoit à table.*)

Mme LEDURAND (*même jeu*)

Comme j'y retournerais avec bonheur, si...

M. LEDURAND

...Si tu n'étais pas orpheline, oui, c'est entendu !

Mme LEDURAND (*se lève brusquement*)

Vivre avec une ganache pareille ! Sale type, va !

M. LEDURAND (*calme, au public*)

Si c'était il y a vingt ans, le mobilier serait déjà dans la rue !... Maintenant, je me contente de sourire.

Mme LEDURAND

Mais je vous l'ai dit : Patience ! (*Elle gagne à gauche.*)

M. LEDURAND (*ironique*)

A qui le dis-tu ?

Mme LEDURAND (*se montant et revenant à lui.*)

Et quand je vous dis que vous n'aurez pas toujours le beau rôle, que mon tour viendra ! (*criant*) à moi aussi, d'élever la voix.

M. LEDURAND (*à part*)

Ben ! qu'est-ce qu'il lui faut ?

Mme LEDURAND (*toujours en colère*)

C'est tout ce que vous trouvez à dire ? Eh bien ! J'attends ! Vous n'avez même pas quelques mots à répondre ?

M. LEDURAND (*froidement*)

Si !

Mme LEDURAND

J'écoute !

M. Ledurand (*se lève, prend sa canne et dit lentement*) :

Voilà ! La vie est courte, tes boniments sont trop longs ;
le ciel est calme et moi aussi. Tâche d'être comme nous quand
je reviendrai ! Monsieur Ledurand va se promener, au revoir !

(*Il sort en chantonnant*) :

Viens Poupoule, viens... etc.

(*Sort par le fond.*)

SCENE III

Mme Ledurand (*seule*)

Et il a le toupet de se moquer de moi ! Satyre ! Satyre !
(*soupirant*) Pas avec moi, hélas !... Je ne m'appelle pas la
Môme Ouistiti, moi !... Oui, Monsieur Ledurand fait la noce
avec des mômes Ouistiti. Cette lettre trouvée dans son pardessus le prouve. (*Avec dégoût*) Oh ! cette lettre ! (*lisant*) : « Mon
petit homme. Tu me pardonneras *de ne pas avoir venue* hier,
mais la patronne a voulu que je fasse la nuit à cause d'un
client rupin, un Russe *qu'a* arrivé dans l'après-midi. Alors, à
ce soir, au même endroit, avec l'auber. Compte sur ta femme
qui t'a dans le sang pour la vie. Ta môme, Ouistiti. » (*parlé*)
Ah ! pouah ! Quel monde fréquente-t-il ?... Et encore, je ne
parle pas de celle-ci, reçue hier. (*Sort une lettre, lisant*) :
« Mossieu, j'ai besoin de vous causer d'une affaire sérieuse
à laquelle que votre position elle est en jeu. Si vous pouvez
venir ce soir au bar du coin de la rue du Poteau, on s'expliquera. Vous aurez qu'à demander le môme Gueule-de-Raie.
Si vous pouvez pas, donnez-moi un autre rancart. Manquez
pas ! C'est très important pour vous. » (*parlé*) Oh ! Gueule-
de-Raie et Ouistiti, quelles relations ! Enfin, pour éclaircir
tout cela, j'ai fait savoir à M. Gueule-de-Raie que je l'attends
aujourd'hui. Je vais mettre sous clef, dans ma chambre, ces
deux lettres. Elles me serviront à confondre M. Ledurand.
Ah ! je vous l'ai dit, Monsieur Ledurand ! Patience ! Patience !

(*Menaçante, elle sort, 1er plan gauche.*)

SCENE IV

Gueule-de-Raie (*Mise équivoque de souteneur cambrioleur.
Entrant du fond en tapinois*).

Personne ! C'est rigouillard ! La lourde était bouclée. J'ai

frappé. On m'a pas répondu ! Heureusement qu'on a toujours ce qu'y faut sur soi ! (*Il sort un trousseau de fausses
clefs.*) Chacun son métier ! Seulement, voilà le chiendent !
J' viens, rapport à une babillarde que le bourgeois d'ici, un
nommé Ledurand m'a envoyée... et y a personne au rendez-
vous... Alors quoi faire ? Faut-y attendre pour voir ce que le
frère il a à me jacter ou (*geste*) turbiner un peu ? Nous emballons
lons pas... V'là l' flambeau : L'autre soir, à quatre heures du
matin, j'ai changé — oh ! par erreur — de pardessus avec un
bourgeois en vadrouille aux Halles, au restaurant du Pou-
qui-Danse ; dans une fouille, une babillarde d'une nommée
Coquinette à un nommé Ledurand, celui à qui j'ai écrit et qui
m'a dit de venir ici. Dans sa lettre, la Coquinette donne des
tuyaux époilants, elle se dit très forte dans le coup du nombril
à ressort, danse algérienne. Si mon Ledurand est marié, v'là
une babillarde qui vaut son pesant d'or. Enfin, on verra ! Le
plus sûr, c'est de ne pas turbiner ici aujourd'hui. D'abord,
j'aime pas turbiner seul et pis... C' qu'on est gourde tout de
même... si je m' faisais chauffer en ce moment, j' m'en bouf-
ferais les doigts de pied... rapport à la gosse... J' suis chipé.
Quoi ! Ah ! faut dire aussi que j' suis bien tombé ! Une poule
à hauteur. Travailleuse, économe, rangée ! Ah ! de ce côté-
là ! A m' ferait pas tort de vingt ronds. Avec la môme Ouistiti, j' suis tranquille ! (*On entend du bruit en coulisse, 1er
plan gauche.*) Tiens ! y a du pétard par là... mais alors ? Tant
pis ! si c'est le bourgeois, j'y dirai qu' la lourde était pas fermée.

SCENE V

GUEULE-DE-RAIE. — Mme LEDURAND

Mme LEDURAND (*entrant du 1er plan gauche*)

Ah ! qu'est-ce que c'est que ça ?

GUEULE-DE-RAIE (2) (*à part*)

Tiens ! eum' femme (*la saluant d'un doigt à la casquette*).
(*Haut*) Salu-e ! On m'a écrit ! me v'là !

Mme LEDURAND (*à part*)

Ah ! c'est... (*haut*) Bonjour monsieur !

(*A part*) Quelle horreur ! (*soupirant*) Enfin ! (*haut*) Vous
êtes la personne invitée par lettre à passer ici !

GUEULE-DE-RAIE

Ben, oui, Ugène !

Mme LEDURAND

Ugène !

GUEULE-DE-RAIE

Ben oui ! Ugène Lemac, dit Gueule-de-Raie, serrurerier d'art. (*A part*) Eh ben, et l' bourgeois, où qu'il est ?

Mme LEDURAND (*à part*)

Quelles accointances mon mari peut-il bien avoir avec cet individu ? (*haut*) Asseyez-vous, monsieur (*Madame s'asseoit sur le canapé (1). Gueule-de-Raie prend une chaise à la table et s'assied au milieu de la scène (2).*

GUEULE-DE-RAIE

Ça colle ! (*Il s'assied*), (*à part*) C'est un bourgeois qui m'écrit de venir et c'est une typesse qui me reçoit.

Mme LEDURAND (*à part*)

Entamons la conversation adroitement (*haut*). Vous avez bien reçu ma lettre.

GUEULE-DE-RAIE

C'te blague ! Pisque j'ai venu !

Mme LEDURAND

Et vous avez trouvé sans difficulté ?

GUEULE-DE-RAIE (*à part*)

A m' prend pour un navet ? (*haut*) Ben oui ! J'ai même eu qu'a pousser la porte, elle était pas fermée.

Mme LEDURAND

Tiens, c'est pourtant un détail que je n'oublie jamais ; vous comprenez, on ne sait pas ce qui peut arriver.

GUEULE-DE-RAIE (*à part*)

C'est-y pour moi qu'a dit ça ? Faut la rassurer. (*Haut*) Ben oui ! Y a des gonces qui vous dégringoleraient la tôle et vous trouveriez qu' nib en radinant.

Mme LEDURAND

Vous dites ?

Gueule-de-Raie (*à part*)

A comprend donc rien ? (*Il se rapproche avec sa chaise.*) Je dis que ce serait plus prudent de tenir la porte fermée, à cause des grinches (*il se rapproche*).

Mme Ledurand (*elle gagne l'extrémité du canapé à mesure que Gueule-de-Raie se rapproche*).

Des grinches ?

Gueule-de-Raie

Oui, des monte en l'air... des voleurs, quoi !

Mme Ledurand

C'est mon avis ! (*A part*) Il faut tout de même l'amener au point qui m'intéresse (*haut*). On voit des choses si extraordinaires.

Gueule-de-Raie

Bien sûr ! (*A part*) C'est-y la légitime à Ledurand ou une poule de passage ?

Mme Ledurand

Tout arrive ! (*A part*) J'ai un plan ! (*Haut*) Monsieur... Eugène, j'oubliais de vous dire que M. Ledurand m'a beaucoup parlé de vous (*souriant*) en d'excellents termes, d'ailleurs !

Gueule-de-Raie

Ah ! (*A part*) Elle m'en bouche un coin ! J' le connais pas (*haut*). Ah ! pour çà, y peut pas dire du mal de moi !

Mme Ledurand

Ah ! il n'en dit pas, au contraire ! Vous êtes de vieilles connaissances, une vieille paire d'amis.

Gueule-de-Raie (*à part*)

Qu'est-ce que je risque ? (*Haut*) Ah ! il vous a raconté tout çà ?

Mme Ledurand

Je n'ignore rien de l'amitié qui vous unit ! Je suis, moi aussi, une vieille connaissance de M. Ledurand (*à part*). Je te les arracherai les paroles du ventre, bandit !

GUEULE-DE-RAIE (à part)

C'est pas la bourgeoise ! Bon à savoir !

Mᵐᵉ LEDURAND

Et je suis, ainsi que vous, en relations d'amitié et de correspondance avec lui (à part). Tu causeras, va, fripouille !

GUEULE-DE-RAIE (à part)

C'est elle qui m'a envoyé la babillarde ! C'est Coquinette !

Mᵐᵉ LEDURAND

Nous ne passons pas de semaine sans nous voir, souvent plusieurs fois.

GUEULE-DE-RAIE

C'est comme moi. on boit la bleue ensemble !

Mᵐᵉ LEDURAND

La bleue ?

GUEULE-DE-RAIE

Ben oui ! un p'tit Pernod, quoi !

Mᵐᵉ LEDURAND (à part)

C'est donc çà que mon mari a l'air si abruti depuis quelques jours ! (Haut) Je regrette que Ledurand ne m'ait jamais présenté à vous, et si vous me connaissiez...

GUÉULE-DE-RAIE

Oh ! mais y m'a déjà parlé de vous, allez !

Mᵐᵉ LEDURAND

Vrai !

GUEULE-DE-RAIE

J' vous l' dis, quoi ! (Se rapprochant, clignant de l'œil d'un air entendu) Coquinette, hein ? (Il s'asseoit sur le canapé.)

Mᵐᵉ LEDURAND (abasourdie, mais tenant bon)

Oui ! oui ! Coquinette ! en effet... Ah ! il vous a dit ?

GUEULE-DE-RAIE

Ah ! mais oui !... Il m'a raconté aussi le coup du nombril à ressort.

Mme LEDURAND (*ahurie*)

Le coup du nombril à ressort ?

GUEULE-DE-RAIE (*se rapprochant d'elle*)

Ben oui ! quoi ! Quand vous lui faites la danse du ventre habillée en Algérienne.

Mme LEDURAND (*ahurie*)

En Algérienne ?

GUEULE-DE-RAIE

Y m' l'a dit !... avec une plume dans les cheveux et une paille dans le nez !

Mme LEDURAND (*de plus en plus ahurie*)

Ah ! oui... oui... parfaitement ! avec une paille dans le... parfaitement (*à part*). Quelle dégoutation !

GUEULE-DE-RAIE (*lui tape dans le dos et pose sa jambe droite
sur les genoux de Madame*).

Vous voyez bien que je suis de ses poteaux !

Mme LEDURAND (*le repoussant et se levant*) (*à part*).

Quelle horreur ! Allons, j'en sais suffisamment (*haut*). Eh bien, Monsieur... Monsieur ?

GUEULE-DE-RAIE (*se lève*)

Gueule de Raie !

Mme LEDURAND

Ah ! oui ! Eh bien, monsieur... Figure de Raie.

GUEULE-DE-RAIE

Vous pouvez dire : Gueule ! çà vous l'écorchera pas !

Mme LEDURAND

Hé bien, monsieur Gueule-de-Raie, je ne crois pas que M. Ledurand vienne à présent... et je vais vous rendre votre liberté, mais avant, permettez-moi de passer dans ma chambre chercher de quoi vous dédommager de votre dérangement.

GUEULE-DE-RAIE

Allez-y, mam'zelle Coquinette, allez-y ! (*Madame s'est retournée sur le seuil de la porte.*) Hein, Coquinette ? Le p'tit coup du... Travadja la mouckère... (*Il esquisse la danse du ventre.*)

Mme LEDURAND

Quelle horreur ! (*Elle sort suffoquée, 1er plan gauche.*)

GUEULE-DE-RAIE (*grimpe sur le canapé et crie quand elle est sortie*).

Grosse cochonne, va ! (*Puis replace la chaise près de la table.*)

SCÈNE VI

GUEULE-DE-RAIE (*seul*), puis COQUINETTE

GUEULE-DE-RAIE

Qu'est-ce que ça veut dire, ce mic-mac là ! Un nommé Ledurand m'écrit et c'est une femme qui me reçoit. Faudrait tout de même pas qu'on se foute de ma figure ! ou ça va changer (*il s'assied sur le canapé*). C'est le bourgeois que je veux voir pour y vendre la babillarde de Coquinette. Si y n'aboule pas quelques beaux sigues, j' la porte à sa légitime.

COQUINETTE (*du dehors*)

Pas besoin de m'annoncer, je m'annoncerai bien toute seule (*elle entre (2), voyant Gueule-de-Raie se prélasser sur le canapé*). Oh ! (*Un temps, interdite*) C'est pourtant bien ici M. Ledurand ?

GUEULE-DE-RAIE (*assis en tailleur sur le canapé*)

Gi ! mon ange !

COQUINETTE (*très gênée*)

Il n'est pas là ?

GUEULE-DE-RAIE

Qu'est-ce que vous y voulez ?

COQUINETTE

Mais, monsieur...

GUEULE-DE-RAIE

Eh ben ?

COQUINETTE

Mais c'est M. Ledurand que je veux voir...

GUEULE-DE-RAIE

Y n'est pas là... Y a qu' sa poule.

COQUINETTE (*gagnant à droite du public*)

Sa poule ?

SCÈNE VII

LES MÊMES. — LEDURAND

LEDURAND (*entrant du fond*) (2)

Qu'est-ce que... (*reconnaissant Coquinette*). Comment !
toi... ici ?

COQUINETTE (3)

Oui, mon cher.

LEDURAND (2)

Mais c'est de la folie.

COQUINETTE

Je t'ai prévenu. Tu veux me plaquer ? Je vais faire du
raffût !

M. LEDURAND

Ma femme peut arriver.

GUEULE-DE-RAIE (*toujours assis*) (1)

Y a des chances !

LEDURAND (*apercevant seulement Gueule-de-Raie*)

Vous dites ?... Et puis qui êtes-vous ?... Qu'est-ce que vous
faites ici ?

GUEULE-DE-RAIE (*moqueur, s'est accroupi comiquement sur
le canapé, souriant*).

Et vous ?

COQUINETTE

Lui ?... C'est Ledurand.

GUEULE-DE-RAIE (se levant)

Ledurand ? Alors, c'est vous qui m'avez écrit ?

M. LEDURAND

Je vous ai écrit ?

GUEULE-DE-RAIE

Oui, et... (il chante et esquisse la danse du ventre) Travadja la mouckère !... C'est Coquinette qui m'a reçu...

LEDURAND (à Coquinette)

Comment, tu te permets ?

COQUINETTE (à Gueule-de-Raie)

Mais qu'est-ce que vous racontez, vous ?

SCÈNE VIII

LES MÊMES. — Mme LEDURAND

Mme LEDURAND (entrant (1) surprise)

Tiens !

LEDURAND (3) (à part); GUEULE-D-RAIE (2), COQUINETTE (4)

Aïe ! ma femme !

Mme LEDURAND (1)

Quelle est cette dame ?

LEDURAND (passe 2)

Heu... heu... c'est...

Mme LEDURAND

Eh bien !

M. LEDURAND

Voilà ! c'est... (bas à Gueule-de-Raie) Aidez-moi donc !

GUEULE-DE-RAIE (intervenant et passant 2)

C'est ma femme ! (Surprise de Coquinette.)

LEDURAND (3) (*affirmatif*)

Oui... c'est sa femme ! (*bas à Coquinette*) Dis comme nous, tu ne le regretteras pas !

Mme LEDURAND

Ah ! c'est Mme Gueule-de-Raie !

COQUINETTE ET LEDURAND (*ensemble*)

Gueule-de-Raie ?

GUEULE-DE-RAIE

Voui ! voui ! voui ! Elle-même !

Mme LEDURAND (*à part*)

Elle est mieux que lui ! (*haut*) Vous étiez inquiète sur le sort de votre mari, madame ?

COQUINETTE (*embarrassée*)

C'est-à-dire...

M. LEDURAND (*bas*)

Dis oui, dis oui.

COQUINETTE (*embarrassée*)

Vous savez ce que c'est...

GUEULE-DE-RAIE (2) (*prétentieux*)

Quand on aime !

Mme LEDURAND (1)

Naturellement... on est toujours un peu jaloux, et puis, vous êtes peut-être un peu nerveuse !

LEDURAND (*s'oubliant*)

Elle, elle est terrible !

Mme LEDURAND

Qu'en savez-vous ?

LEDURAND (*bafouillant*)

Je... je...

GUEULE-DE-RAIE (2)

C'est moi qui lui a dit.

COQUINETTE (4) (*bas à Ledurand*)

Qu'est-ce que tout ça veut dire ?

LEDURAND (*bas*)

Dis comme nous, je te donnerai vingt-cinq louis !

Mme LEDURAND (*ironique*)

Eh bien, Monsieur Ledurand, vous devez être content de voir vos amis ?

LEDURAND

Certainement, certainement !

GUEULE-DE-RAIE (*serrant la main à Ledurand*)

C'tte vieille tête de cochon de Ledurand !

LEDURAND (*même jeu*)

Ce vieux… (*cherchant*) ce vieux…

GUEULE-DE-RAIE (*lui soufflant*)

Gueule-de-Raie !

M. LEDURAND

Ce vieux Gueule-de-Raie (*au public*) Je n'ai jamais tant vu c't'oiseau-là !

GUEULE-DE-RAIE (*lui tapant sur le ventre*)

Ça fait plaisir de se revoir ! hein ?

LEDURAND (*même jeu*)

Infiniment !

Mme LEDURAND (*à Coquinette*)

Vous connaissez aussi mon mari depuis longtemps ?

GUEULE-DE-RAIE (*vivement*)

Oh ! la la ! Il y a longtemps qu'il est venu croûter à la maison pour la première fois ! (*à Coquinette*) Hein !

COQUINETTE

En effet !

Mme LEDURAND

Croûter

GUEULE-DE-RAIE

Oui ! casser la gueule à une croûte, quoi, mais vous savez, en copains, sans flaflas...

COQUINETTE

...en famille...

Mme LEDURAND

Avec toute la petite famille ! car vous avez des enfants, sans doute ?

COQUINETTE

Non ! non, nous n'avons pas d'enfants !

GUEULE-DE-RAIE (*passe 3, lutinant Coquinette*)

C'est pas de not'faute, hein ? parce qu'on fait bien tout c'qui faut pour ça, s'pas... ma jolie !

COQUINETTE (*se raidissant*)

Oh ! je vous en prie (*à part*) Ce qu'il me dégoûte !

GUEULE-DE-RAIE

Allez, allez, allez, quoi !

LEDURAND (2) *à Mme Ledurand* (1)

Regarde-les donc, comme ils s'aiment !

Mme LEDURAND

Tout ça me semble louche !

M. LEDURAND

Mais puisque je te dis... (*il lui parle bas*).

GUEULE-DE-RAIE (*bas à Coquinette*)

T'es plus gironde que la môme Ouistiti, et si tu veux de mon gniasse, je la plaquerai pour toi. Ah ! ma gueule (*il veut l'embrasser.*)

COQUINETTE

Ah ! pouah ! non, non ! oh ! je ne veux pas, ah !... (*Elle s'évanouit et s'assied sur la chaise, à gauche de la table.*)

GUEULE-DE-RAIE

Bén ! de quoi ? La v'la qu'tombe en digue digue !

M. LEDURAND

Autre tuile ! Elle s'évanouit.

Mme LEDURAND

C'est dégoûtant de venir se trouver mal chez les gens !

GUEULE-DE-RAIE

Elle se trouve mal, et moi qui la trouve si bien ! J'vas y enlever son souteneur !

M. LEDURAND

Son souteneur ?

GUEULE-DE-RAIE

Ben oui ! son corset ! (*Il veut la dégrafer.*)

Mme LEDURAND

Oh ! non, pas devant moi !

M. LEDURAND

Transportez-la dans cette pièce ; elle a besoin d'air ; placez-la sur le balcon. (*Il désigne le 2e plan droit.*)

GUEULE-DE-RAIE

Oh hisse ! (*Il l'emporte*) Ben, pour une femme légère, elle est rien lourde. (*Il l'entraîne 2e plan à droite.*)

SCENE IX

LEDURAND. — Mme LEDURAND

Mme LEDURAND (*farouche, passant à droite (2), fait face à Ledurand.*)

Enfin ! seuls !

LEDURAND (2) (*gracieux*)

Hein ! Oh ! non, bibiche. Nous ne sommes pas au soir de notre mariage !

Mme LEDURAND

Ne vous méprenez pas ! Je dis : « Enfin seuls ! » car je vous somme de vous expliquer sur la fréquentation de ces Gueule-de-Raie !

M. LEDURAND

Voilà !

Mᵐᵉ LEDURAND

Pas d'histoire ! Je sais tout !

LEDURAND (*calme, un doigt sur le front*)

Je sais tout : un franc le volume, livre très intéressant !

Mᵐᵉ LEDURAND

Pas aussi intéressant que la môme Ouistiti, n'est-ce pas ?

M. LEDURAND

La môme Ouistiti ! Connais pas !

Mᵐᵉ LEDURAND

Ah ! il te faut des sensations nouvelles, sans doute ! Sarda-
napale ! à ton âge ? Regardez-moi ça ! Satyre !

M. LEDURAND

Quoi ? qu'est-ce que ça tire ?

Mᵐᵉ LEDURAND

Allez retrouver votre Ouistiti, monsieur !

M. LEDURAND

Elle divague complètement ! Tu veux j'aille voir les sin-
ges ?

Mᵐᵉ LEDURAND

Oui, votre guenon, la môme Ouistiti !

M. LEDURAND

Qu'est-ce que c'est encore que cette histoire-là ?

Mᵐᵉ LEDURAND

C'est une histoire vraie ! Voilà sa lettre !

LEDURAND (*veut prendre la lettre*)

Fais voir ?

Mᵐᵉ LEDURAND (*lui tape sur la main*)

A bas les pattes ! (*passe 1*).

LEDURAND (2)

Comment ! je suis en correspondance avec les ouistitis. Je ne connais pas la langue singe !

Mᵐᵉ LEDURAND

Ah ! ah ! Vous ne niez plus, maintenant !

M. LEDURAND

Encore !… quel imbroglio, écoute, sois calme, ne t'énerve pas, laisse partir des Gueule-de-Raie, et je te prouverai que toutes tes soi-disant preuves ne tiennent pas debout. Je ne suis pas coupable !

Mᵐᵉ LEDURAND (*éclatant en sanglots et tombant sur le canapé*)

Je vais me retirer chez ma mère !

M. LEDURAND

Tu sais bien que c'est impossible. Elle est morte il y a quinze ans !

Mᵐᵉ LEDURAND

Me voir sacrifiée ainsi, à vingt-cinq ans ! (*Elle sanglote.*)

M. LEDURAND (*comprimant un rire.*)

Oh ! vingt-cinq ans ! Elle compte les années à partir de sa première communion ! Allons, lève-toi et sois digne. Voici les Gueule-de-Raie !

Mᵐᵉ LEDURAND (*elle se lève*)

Fais-les partir ; je ne veux plus les voir ! (*Elle sort 1ᵉʳ plan gauche.*)

SCÈNE X

LEDURAND. — GUEULE-DE-RAIE. — COQUINETTE

COQUINETTE (*entre, suivie de Gueule-de-Raie, 2ᵉ plan droite.*)

LEDURAND (1)

Ça va mieux, ma poule ?

COQUINETTE (2)

Oui, mon coq ! Mais quelle venette ! Ta femme a-t-elle coupé dans le pont ?

GUEULE-DE-RAIE (3)

Mais oui, puisqu'elle croit qu'on est marida tous les deux !

LEDURAND (à *Gueule-de-Raie*)

Maintenant, vite, partez ! (à *Coquinette*) J'irai chez toi ; attends-moi ce soir ! (à *Gueule-de-Raie*) Tenez, voilà pour payer votre service ! (*Il lui donne un louis.*)

GUEULE-DE-RAIE (passe 2)

Un sigue ? Oh ! non, ça vaut bien cent francs !

LEDURAND (1) (à *part*)

Le gredin ! il me tient ! (*haut*) Allons, soit ! Voilà un billet de cent francs. Rendez-moi mon louis !

GUEULE-DE-RAIE (empoche le billet)

La peau ! c'est pour mes honoraires !

M. LEDURAND

Vos honoraires ?

GUEULE-DE-RAIE

Mais z'oui ! Je prends du 20 pour cent !

M. LEDURAND (à *part*)

Coquin, va ! (*passe 3*)

COQUINETTE (2)

Ne manque pas de venir ce soir, tu sais ! Je t'attends !

M. LEDURAND

C'est entendu ! (à *Gueule-de-Raie*) Accompagnez-la ! (à *Coquinette*) Prends une voiture !

GUEULE-DE-RAIE (offre son bras à *Coquinette*)

Baronne ! mon bras ? On sait être régence !

COQUINETTE (scandalisée)

Ah ! (*Elle repousse Gueule-de-Raie, qui gagne à reculons la gauche.*)

GUEULE-DE-RAIE

De quoi ? des magnes ! Moi qui vous a soignée tout à l'heure comme une mère !

SCÈNE XI

Les Mêmes. — Ouistiti

OUISTITI (*venant du fond, descend*) (2)

La porte est ouverte, j'entre !

GUEULE-DE-RAIE (1)

Bing ! la môme Ouistiti !

GUEULE-DE-RAIE (1), OUISTITI (2), COQUINETTE (3),
M. LEDURAND (4)

M. LEDURAND

Vous demandez, mademoiselle ?

OUISTITI

Mon homme !

GUEULE-DE-RAIE

Toi, ici ? Quoi que tu viens fiche ?

OUISTITI (*lui agitant une lettre sous le nez*)

Ah ! çà t'épate. Qu'est-ce que c'est que cette babillarde
que j'ai dégoté dans ta poche de pardessus, avec cette carte
de Ledurand ? Qu'est-ce que c'est que Mlle Coquinette ?

LEDURAND (*à Coquinette*)

Ne réponds pas !

GUEULE-DE-RAIE

Gueule pas, je vas t'expliquer !

LEDURAND (*à part*)

Bon Dieu ! Pourvu que ma femme n'arrive pas. (*Haut*)
Allez-vous-en !

OUISTITI

Un moment ! Alors, je ne te suffis plus. Il te faut une Coquinette qui fait la danse du Nombril à ressort ? Où est-elle
que je lui rentre dans le chou ?

COQUINETTE

Mais, madame...

OUISTITI

Ah ! c'est que je l'ai dans le sang, mon homme, et je veux pas qu'on me le chipe.

COQUINETTE

Soyez tranquille ! On veut pas vous le chiper !

GUEULE-DE-RAIE

Là, tu vois bien !

OUISTITI

Je vous crois, vous, madame, car vous avez l'air honnête ! (*A Ledurand, en désignant Coquinette*) C'est votre femme ?

LEDURAND (*étourdiment*)

Ma femme, non !

OUISTITI

Ah ! tu vois, paillasson !

GUEULE-DE-RAIE (*faisant des signes à Ledurand*)

Mais non, mais non !

LEDURAND (*vivement*)

Mais oui, oui, si, c'est ma femme (*à part*). Pourvu que ma femme n'arrive pas, mon Dieu !

OUISTITI (*à Gueule-de-Raie*)

Allez ! ouste, rapplique ! toi, on s'expliquera à la tôle !

GUEULE-DE-RAIE

Qu'est-ce que je vas te refiler comme coups de trottinets dans la carrée ? Tiens, prends ça d'abord comme apéritif. (*Il lui tient le poignet droit et lui donne un coup de pied au derrière.*)

OUISTITI (*se dégageant*)

Oh ! Maré ! quoi ! Mais défendez-moi donc, Madame Ledurand.

(*Ouistiti et Gueule-de-Raie sont au-dessus.*)

(*Madame Ledurand paraît, 1er plan gauche.*)

SCÈNE XII

Les Mêmes. — Mme Ledurand

M. Ledurand

Patatras !

Mme Ledurand (1)

Encore une femme ! Et quelle femme ! Qu'est-ce que vous lui voulez à Mme Ledurand ?

Ouistiti

C'est pas vous !

Mme Ledurand (*passe* (4) à *Ledurand* (5))

Je ne suis pas ta femme ? Mais réponds donc !

Ledurand (*à part*)

Je donnerais bien cent sous pour être au Maroc !

Ouistiti (*à tous*)

Ah ! faut pas me la faire (*à Madame*). C'est vous qu'êtes la femme de Ledurand ! Mais alors, celle-là, plus de doute ! C'est Coquinette, j' vas la sucrer ! (*Elle retrousse ses manches.*)

Gueule-de-Raie (*à Ouistiti, la retenant*)

Tu vas la fermer, ou sinon (*geste de menace*).

Coquinette

Protégez-moi, Monsieur Ledurand.

Coquinette (*passe* 5), **Ledurand** (4), **Mme Ledurand** (3), **Ouistiti** (2), **Gueule-de-Raie** (1)

Ouistiti (*veut s'élancer sur Coquinette*)

Ah ! tu veux m'enlever mon homme !

Coquinette

Mais non ! Écoutez-moi !

Ouistiti

Je ne veux rien savoir, défends-toi ! (*Gueule-de-Raie la maintient. Ils gagnent tous deux la gauche.*)

Mme LEDURAND (*à Ledurand, le retournant face à elle*).

Et vous ne dites rien ?

M. LEDURAND

Moi ? Tu vas voir (*criant*). Arrêtez ! (*Il court à la fenêtre.*) 2° *plan gauche.*) Au secours ! Ah ! un agent !... oui... c'est ici ! (*Il revient au milieu.*) (3) Ah ! je ne dis rien ! Tu vas voir ce que je vais faire. Je suis terrible quand je m'y mets. (*Coquinette et Madame sont remontées au fond.*)

GUEULE-DE-RAIE

Y avait pas besoin d'appeler la rousse, on pouvait s'expliquer gentiment.

COQUINETTE

Gentiment ? avec une furie pareille !

OUISTITI (*s'élance sur Coquinette*)

Qu'est-ce qu'elle a dit ? (*Gueule-de-Raie l'arrête. Madame et Coquinette traversent vivement à gauche.*)

COQUINETTE (1), Mme LEDURAND (2), M. LEDURAND (3), OUISTITI (4), GUEULE-DE-RAIE (5).

M. LEDURAND (*décidé*)

Ah ! si ça recommence ! prenez garde ! Je crie encore au secours ! Ah ! mais !

Mme LEDURAND

Poule mouillée, va ! Vous ne pouvez pas les jeter dehors sans appeler un agent à l'aide ?

M. LEDURAND

Non ! je suis trop fort ! Il m'est interdit de me battre avec moins de trois hommes... Il ne viendra pas, cet agent ?

SCÈNE XIII

LES MÊMES. — MARYLAND

MARYLAND (4)

L'agent ? Présent ! Quoi t'est-ce qu'y a ?

M. LEDURAND (3)

Monsieur l'agent, voilà !

Mme LEDURAND (2)

Je vais vous expliquer...

COQUINETTE (*passe (3), désignant Ouistiti*)

C'est madame, qui...

MARYLAND (4)

Ah ! volaille ! la jolie femme !

OUISTITI (5)

Je vas vous casser le morceau...

MARYLAND

Hein ! quel morceau que vous voulez me casser ?

GUEULE-DE-RAIE (6)

Elle veut dire qu'elle va se mettre à table.

OUISTITI

Il entrave que pouic !

MARYLAND

Voyons ! expliquons-nous ! Là, ousqu'est le plaignant ?

TOUS

C'est moi !

MARYLAND

Vous êtes tous plaignants ? Bon ! Ousqu'est la victime ?

TOUS

C'est moi !

MARYLAND

Diable ! C'est compliqué et filandreux, cette affaire-là ! Heureusement qu'avec mon flair, je vas débrouiller tout ça. Laissez-moi prendre mon petit canepin. Là ! Et maintenant, ne parlez pas tous à la fois. Répondez simultanément et individuellement. De quoi s'agit-il ?

Mᵐᵉ LEDURAND

C'est cette femme qui est entrée chez moi comme une furie.

M. LEDURAND

C'est Madame qui voulait frapper Mademoiselle, et je ne le permettrai pas...

OUISTITI

C'est c't'épateuse qui voulait m'enlever mon homme, mais je suis un peu là...

GUEULE-DE-RAIE

Mais y a pas de quoi fouetter un chat, laissez donc ça tranquille !

COQUINETTE

J'ai été insultée et frappée par cette hétaïre de trottoir.

MARYLAND (*levant son bâton blanc*)

Arrêtez, nom de Dieu ! Je n'y comprends rien ! M. Lépine lui-même ne s'y reconnaîtrait pas. Il faut pourtant que je débrouille cette affaire-là ! (*passe 6*) Ça me vaudra peut-être de l'avancement. Je vas vous interroger séparément, et le premier qui parle encore ensemble, je le passe à tabac, aussi vrai que je m'appelle Maryland ! Ah ! silence ! Je vas vous appeler par numéro ! Allez vous asseoir ! (*Il va à la table et s'assied à droite. — Tous s'asseyent. — Gueule-de-Raie a pris un fauteuil au-dessus. — Ouistiti sur ses genoux. — Mᵐᵉ Ledurand, Coquinette et Ledurand sur le canapé.*)

MARYLAND (*Il désigne Mᵐᵉ Ledurand*)

Voyons ! levez-vous ! (*Tous se lèvent.*)

MARYLAND

Non, pas vous ! Asseyez-vous ! (*Tous s'asseyent. Il désigne vaguement Mᵐᵉ Ledurand.*) Vous, levez-vous ! (*Tous se lèvent. Ce jeu se répète trois fois. A la troisième fois, Maryland se lève et les fait asseoir de force.*) Quelles gourdes, nom de Dieu ! quelles gourdes ! Heureusement que je suis intelligent. (*Il revient à la table et s'assied.*) Le numéro 1, approchez !

TOUS (*s'avançant à la table*)

Voilà !

MARYLAND

Ah ! ça va recommencer. J'ai dit le numéro 1. (*Tous se regardent.*)

MARYLAND

Vous me faites l'effet d'être tous des idiots, sauf Mademoiselle (*il désigne Coquinette*), qui me semble supérieurement intelligente.

COQUINETTE (*avec un sourire*)

Merci, monsieur l'agent !

MARYLAND

Comme elle m'a regardé !... Est-ce que ?... Oui ! Hé ! hé ! Elle est vraiment très bien ! Allez vous asseoir. (*Tous s'asseyent à leurs places primitives.*). A vous, le numéro 1, vous, là-bas ! la vieille ! (*Il désigne Mme Ledurand. — Mme Ledurand s'avance à la table.*)

MARYLAND

Vos nom, prénoms, âge et profession.

M. LEDURAND (*se lève et vient à la table*).

M. l'agent, vous outrepassez vos droits ; vous n'êtes pas un juge d'instruction !

MARYLAND

Vous ! si vous rouspétez, je vous embarque ! Ah ! (*Ledurand retourne s'asseoir sur le canapé.*) Je veux tirer cette affaire au clair, moi !

Mme LEDURAND

Je suis Mme Ledurand, Philomène. J'ai vingt-cinq ans !

MARYLAND

Vingt-cinq ans ! Allons, pas de blagues ! Je mets trente-cinq et je suis galant ! C'est du quarante bien tassé !... Vous portez plainte ? Contre qui ?

Mme LEDURAND

Contre mon mari d'abord ; contre la môme Ouistiti et Gueule-de-Raie, et contre Mlle Coquinette. J'ai trouvé les preuves dans la poche d'un pardessus.

MARYLAND (*écrivant*)

Bon ! plaintes contre tous et preuves dans pardessus ! Allez vous asseoir ! A vous, le numéro 2. Oui, vous, le vieux ! (*désignant Ledurand*) Vos nom, prénoms, âge et profession ?

M. LEDURAND

Ledurand, Sébastien-Alcindor, trente-huit ans !

MARYLAND

Bon ! Ledurand, Sébassetien-Alvaudor, cinquante-huit ans !

M. LEDURAND

Non, trente-huit ans !

Mme LEDURAND

Hein ? trente-huit ans ! N'essayez pas d'égarer la justice. Vous en paraissez soixante. Enfin, passons ! Êtes-vous la victime ?

M. LEDURAND

Oui, je suis victime des agissements de ma femme, qui a intercepté une lettre dans un pardessus qui n'était pas mon pardessus.

MARYLAND

Bon ! Un pardessus et un pardessus et celui de Mme Ledurand, ça fait trois pardessus. Ça se complique ! Allez vous asseoir ! A vous, le numéro 3 ! (*Il désigne Ouistiti.*)

OUISTITI

La môme Ouistiti.

MARYLAND

Ouistiti ! Bon ! Vous êtes la fille d'un singe et d'une guenon ?

OUISTITI

Dites donc, le flic, soyez poli !

MARYLAND

Oh ! ne rouspétez pas ! ou je vous envoie à Saint-Lago !
Qu'avez-vous à dire ?

OUISTITI

J'ai à dire que si j'ai radiné dans c'te piaule, c'est rapport
à une babillarde que j'ai barbotée dans la fouille du pardessus
de mon homme !

MARYLAND

Dans son pardessus !

OUISTITI

Oui, dans son pardessus.

MARYLAND

Bon ! je commence à comprendre ! Ça fait quatre pardessus ! A vous, le numéro 4 ! (*désignant Gueule-de-Raie*) Parlez ! Votre nom ?

GUEULE-DE-RAIE

Ugène Lemac, dit Gueule-de-Raie, à cause de la mienne,
qu'est sympathique ; vingt-trois berges et mèche !

MARYLAND

Quoi ? Quelle mèche. Je vous demande votre âge

GUEULE-DE-RAIE

Vingt-trois ans, quoi, et une pincée.

MARYLAND

Une pincée ?...

GUEULE-DE-RAIE

Ben oui, 23 ans et 6 mois, et j'ai à vous dire ceci. Dans
tout ça, y a pas de bobo ! La cause de tout ce pétard, voilà !

MARYLAND

Pétard ! quel pétard ?

GUEULE-DE-RAIE

Ben oui, le flambeau !

MARYLAND

Il y a un flambeau là-dedans ?

GUEULE-DE-RAIE

(*A part.*) Qué truffe ! (*Haut.*) Ben oui, le machin, quoi ! Y a eu erreur de pardessus entre moi et M. Ledurand.

MARYLAND

Encore ! ça fait cinq pardessus et un flambeau ! Que demandez-vous ?

GUEULE-DE-RAIE

Moi ? nib ? M. Durand est un brave homme... sa les bombe.

MARYLAND

Quoi ?... les bombe ?

GUEULE-DE-RAIE (*désignant Mme Ledurand*)

Ben oui ! son numéro, son gouvernement !

MARYLAND

Ah ! dites donc, ne mêlez pas le gouvernement là-dedans, hein !

GUEULE-DE-RAIE

Sa femme ! quoi, sa femme est aussi honnête que ma môme est fidèle, et que mam'zelle est sympathique !

MARYLAND

Asseyez-vous ! (*Gueule-de-Raie, sur les genoux de Coquinette.*) Allons, tout s'arrange ! C'est la réconciliation (*désignant Coquinette, très gracieux*) Mademoiselle, prenez donc la peine d'approcher et veuillez vous asseoir ! (*Coquinette s'est approchée et s'assied en face l'agent.*) Veuillez me donner votre nom, âge et profession.

COQUINETTE

Mlle Coquinette, tailleuse pour hommes ; je travaille aussi dans la plume ; j'ai 24 ans.

MARYLAND

(*Galant.*) Vous ne les paraissez pas. (*Ecrivant.*) Bien, Coquinette, 18 ans, travaille dans la plume, taille pour les hommes !

COQUINETTE

A votre service, mon bel agent !

MARYLAND

(*A part.*) Son bel agent. Cré nom ! je n'y tiens plus ! (*Il donne des petits coups avec son bâton sur la table.*) (*Haut.*) Eh bien! j'ai compris l'apologe. Dans toute cette affaire, c'est la faute aux pardessus !

Mme LEDURAND

Cependant, monsieur l'agent !

MARYLAND (*rouspéteur*)

Madame, si vous voulez compliquer la situation, je vous emmène tous au bloc et vous vous expliquerez devant le commissaire.

MADAME (*se rasseyant sur le canapé*) (2)

Ah ! non ! merci !

M. LEDURAND (1) (*à sa femme*)

Puis que l'agent te dit qu'il n'y a personne de coupable. Voyons.

Mme LEDURAND

Suffit ! A l'avenir, je vous surveillerai, vous et votre Ouistiti.

LEDURAND (*à part*)

Chouette ! J'irai retrouver Coquinette !

GUEULE-DE-RAIE (*à Ouistiti*)

Eh ben ! grosse bête, on en veut encore à son petit non homme ?

OUISTITI

Mais non, puisque tu t'étais trompé de pardessus, mais ne me fais pas de *paillons*, ou sinon...

GUEULE-DE-RAIE

Ta bouche ! Allons, un bécot à Gueule-de-Raie ! (*Pendant ce qui précède, M. et Mme Ledurand causent entre eux. L'agent flirte depuis un moment avec Coquinette.*)

MARYLAND (*se lève*)

(*Il entraîne Coquinette à l'écart, à droite.*) Pour vous, superbe créature, je donnerais mon fourniment et même mon bâton !

COQUINETTE

Ah ! non ! gardez-le votre bâton, vous le brandissez si bien.

MARYLAND

Soyez tranquille ! si je perds celui-là, j'en ai un autre de rechange.

COQUINETTE (*bas*)

Chez moi, demain soir, rue de la Fidélité, 22.

MARYLAND

22 ! les deux cocottes ! C'est entendu. (*Il passe (5), s'adressant à tous.*) Allons, messieurs, dames et la compagnie, je vais reprendre mon service !

(*Tous se lèvent.*) C'est l'amour qui est cause de tous vos malentendus ! Allez vous coucher ! Après la brouille, le raccommodement ! c'est épatant !

GUEULE-DE-RAIE (*enlaçant Ouistiti*)

Ah ! oui, c'est épatant ! (*Il l'embrasse brutalement.*)

MARYLAND

Oh ! oui, c'est épatant ! (*Il lisse sa moustache et prend dans le cou de Coquinette un baiser qu'il prolonge.*)

M. LEDURAND

Ah ! oui, c'est épatant ! (*Il va pour embrasser sa femme.*)

Mᵐᵉ Ledurand (*furieuse, les griffes en chat*)

P'ffffu ! N'approchez pas, ou sinon… (*Elle lui applique un soufflet formidable.*)

M. Ledurand (*abruti*)

Oh !

Tous (*riant et le montrant du doigt*)

Touché !

RIDEAU

IMP. L. KREIS - 51, RUE ST-GEORGES - NANCY

www.ingramcontent.com/pod-product-compliance
Ingram Content Group UK Ltd.
Pitfield, Milton Keynes, MK11 3LW, UK
UKHW022154170726
13837UKWH00004B/1989